JN440707

돌아보는 그 시절

돌아보는 그 시절

이원문 지음

책나무

| 차례 |

제2부

제4부

제1부

봄 생각

나 자랐던 고향에는
보리밭도 많았는데
앞 냇가 보리밭 위
종달새 높이 떴고
오르는 산 진달래
울 밑 개나리

서너 날만큼 들리는
새우젓 방물장수
등에 업혀 울던 아이
얼마나 컸는지
멀리서 들린다
엿장수 가위질 소리

허공의 봄

못 잊을 봄볕은
인생을 가르쳤고
아니 올 흰 구름은
세월을 가르쳤다

웅크려 앉은 이 양지
누구의 것이었나

허기에 돋은 새싹
배고픔을 가르치고
졸음에 스친 바람
하루를 가르친다

소금배

순풍의 소금배

어디로 가나

노 거둬 든 북소리

황포 돛 올린다

봄 바다 가르니

닿을 곳 멀지 않고

바라보는 지나는 섬

중천의 해 넘긴다

3.1절의 쓴 소리

전기세 2만 원
수도세 1만 원
가스비 12만 원
쓰레기봉투 3천 원
부조금 5만 원
의류비 5만 원
신발비 5천 원
식수비 1만 원
교통비 3만 원
통신비 5만 원
자동차 40만 원
외식비 10만 원
물품 구입 30만 원
쌀값 5만 원
접대비 3만 원
방세 30만 원
이용비 1만 원
병원 약값 2만 원
저축은 제외

계: 일백오십오만 팔천 원(기본 생활비)

아기를 낳을 경우 : 예측 비용? ……

기저귀 값?
분유 값?
병원 약국 비용?
의류 비용?
놀이방?
학원비?
기타?

근로자 월급이 얼마나 될까요
그나마 외국인 근로자가 판치고요
그 외국인 월급으로는 도저히 아이를 낳아 기를 수가 없어요
무엇이 문제이고 가닥이 어디인지 알 수 없지만
문제는 나라의 인구가 급격히 감소한다는 것이지요
이 공백이 얼마나 갈 수 있을지 모르지만
끝에 가서는 뒤따르는 모든 문제에 있어
나라의 큰일이 아닐까 생각됩니다

2016 . 3 . 1

생명의 양지

저 산 꼭대기 흰 구름
어디로 흘러가나
보이지 않는 봄바람
나뭇가지 흔들고
무뎌진 바람 소리
생명의 잠 깨운다

한 번 왔다 떠나면
못 돌아오는 것이 생명인데
환생으로 돌아왔나
잠들었다 깨어났나
환생과 처음 길목
봄바람 스쳐 간다

입학의 봄

옥양목 콧 수건
왼쪽 가슴에 달고
십 리의 학교 길
봄바람에 시렵다

코딱지 떼어
입에 넣었던 나
유난히 많은 코
어디에 문지르나

가나다라 국어 책
어지러운 산수 책
등잔불에 펴고 나면
눈부터 감긴다

꿈

지워지면 그만인데

보이는 것

이것이 다 무엇인가

뒤뜰의 봄

양지는 그나마

볕이 있어 따뜻한데

추워도 난 한 촉

때를 찾는구나

운명의 봄

홀로 가야 하는 길
너무 외롭고
따라 오는 그림자에게
부끄럽기도 했다
받아들일 수밖에 없는 운명

해 질 녘 봄바람
어디로 가라 하나
나부끼는 보리밭
어둠이 가리고
지나온 길 찔레꽃 노을에 묻힌다

어머니의 섬

보이는 저 먼 섬은
외갓집의 섬이고
이곳은 나 자란
어머니의 섬이었다

썰물에 오고 간
어머니의 하얀 흔적
이 갯벌에 그 흔적
무엇이 지워줄까

버려진 굴 껍데기
세월에 묻히고
남아 있는 조개껍데기
파도가 휩쓴다

며느리

보내고
맞이하고
보낸 내 아이
잘하고 잘 사는지

네나 내나
이 집에 들어오기를
안 맞으면 묻어두고
맞으면 덮어라

네 보던 꽃 중에
어느 꽃이 예쁘더냐
네 살던 친정처럼
여기에도 필 것이다

찔레꽃 애정

보리밭 높이

흰 구름 흐르고

찔레꽃에 부는 바람

보리밭 스쳐 간다

가냘디 가냘픈

찔레 꽃잎 어떻게 하나

저녁 바람 더 불면

떨어질 것인데

봄 일기

나 내보낸 고향에는
하늘도 높았는데
앞산 자락 보리밭 높이
흰 구름 흘러 산 넘고
바람 불면 어떠했나
입 하나에 매달려
지나쳤던 그 파란 보리밭이
이제와 나부끼니
흰 머리에 그립구나
산자락에 진달래 울 밑 개나리
지게에 눈 얹느라 그 꽃을 왜 못 보았나
때 아닌 때에 누런 보리밭이 보였던 날
산기슭에 오르며 보았던 찔레꽃은
어떻게 눈 안에 들어왔는지
그 찔레꽃 바라보며 눈물을 흘렸었지
밤이면 청개구리 울음소리
궂은 비 내리던 날 감자 쪄 한입 물며 들었던
문 밖의 맹꽁이 울음
떨어지는 낙숫물 소리와 함께 얼마나 처량했었나
이른 봄부터 스쳐 가는 그 시절의 봄
이제 먼 그림으로 불러도 아니 올
어머니와 함께 그 봄을 그려본다

회고의 봄

옮겨온 세월 되돌아보면
진달래 진 산자락 보리밭 나부끼고
개나리 진 울타리 수수깡 삭어간다
복숭아 살구꽃은 초가의 꾸밈인가
논갈이 밭갈이 들녘 송아지 어미 찾고
잔잔한 논 물결 우렁이 잠재운다

숨 죽여 우렁이 잡이의 우렁 잡는 아이들
울 밑 소꿉놀이의 사금파리 찾는 아이들
해 기울어 저무는 논 언제 바람 멎을까
힘들어 늘어진 소 송아지 부르니
어느새 저녁연기에 서늘하니 노을 지고
논둑 길 송아지 어미 따라 들어온다

메아리의 봄

메아리 띄우던
고향의 산마루
산마루에 올라
메아리 보내면

사람은 안 보여도
송아지가 보내왔지
누가 듣고 보내줄까
다시 한 번 띄웠고

보이는 곳마다
붉게 물든 산자락
산자락 그 보리밭
내 메아리 받았는지

냉이의 노을

해넘이 서쪽 하늘
떨어진 해도 아닌데
곧 떨어질 듯 붉게 물든다

떨어져 바람 불면
더 짙어지려나
바구니 안 달래 냉이
어느 솥에 데칠까

무치고 끓이고 달래장까지
밥솥에 집힌 불 뜸 늦어지고
할머니 시장하다 야단하신다

무당의 봄

무당의 시영 아들로
밥 얻어먹으러 갔던 날
시영 엄마에게 인생을 배웠다

떡시루 이고 춤추던 엄마
잘못된 사람 고쳐주던 엄마
집터가 세어 귀신 쫓아준 엄마

경 읽으며 징소리 울리면
그 집의 어른들 어떠했었나
모두가 뉘우치며 빌지 않았나

이튿날 며칠 후면 제자리로 돌아왔고
그 어른들 엄마 앞에서는 음지가 아니었다
엄마는 양지보다 음지 보기를 원했는데

허공을 바라보면 쥘 것이 없다
너 나 할 것 없이 물 위에 올라서면 모두가 평등하다
땅은 흙이 있어 제자리로 돌아갈 것이고

복숭아 채 꺾어 쥐고 떡 솥에 불 때던 날
앞 산자락 엄마의 집 이 소리가 무슨 소리인가

촛불 향불 열린 문에 칠성님 부처님 나를 바라본다

인생 그림

당신이 지난날을 그릴 수 있다면
어디서부터 무엇을 어떻게 그리시렵니까
그리셨다면 아침저녁으로 다르고
밤과 낮이 다르지 않던가요
얼마를 어떻게 몇 년을 그렸든
다른 그림이 얼마나 되던가요

지워지지 않고 지울 수 없는 그림
기억에 남는 것이 무엇이었고요
더 그릴 수 있다면 그릴 그림이 얼마나 될까요
숨겼거나 빠뜨린 것은 없으시겠지요
누구의 그림이 길고 짧다 할까
많고 적은 것이 누구의 것이고요

봄 소문

소문 많은 우리 동네
빨래터에 퍼진 소문
무엇이 잘못됐나

낮 소문은 보리밭 위
종달새에게 듣고

밤 소문은 뒷동산
소쩍새에게 듣는다

어머니의 양지

석회 이 많아

머리채 잡은 어머니

어머니가 하던 말

기억이 안 나요

알아듣지 못하는 나

머리채 잡은 어머니

세월의 양지는 어머니의 것이고

노란 민들레는 나의 것이었다

잃어버린 봄

그리워 만나면
만나도 그 마음일까
지나간 날에 빼앗긴 사랑
아득히 먼 시간
모습은 뚜렷한데
이름이 멀어져
자신이 없다

만나면 무엇부터
어떻게 말을 할까
첫정에 매달려
설레이는 마음
믿음 없는 말하기에
그날들이 부끄럽다

제2부

봄 길

걷는 길 봄바람 옷 속에 스며들고
때 찾아 돋은 새싹 바람에 떨고 있다
얼음 흙에 추워도 나와야 하고
덥다 추우면 다시 들어가야 하는 것이
순리이자 법칙이고 이에 따라야 하는 것인지

여민 옷에 올려본 하늘 조각구름 산 넘고
냇가에 흐르는 물 얼음 잃고 맴돈다
나뭇가지에 돋은 움 개나리 진달래
서리 끊겨 따뜻하면 곧 피어날까
잃어버린 보리밭 위 종달새 지저귄다

동심의 상처

고무신에 흙 묻히던 날
꿰매 입은 누더기어도
그 고픈 배 채우면
그것으로 행복했다

따돌림의 서러움도
주머니에 누룽지 한 줌이면
그것 입에 넣느라
서럽지 않았고

다 잃어버린 보릿고개의 봄
지금 이 주머니에 무엇이 들어 있나
넘어져 흘린 피 아물지 않은 상처
흙 올려 동긴 헝겁 아직 마르지 않았다

나비의 사랑

네 앉은 꽃 이름이 무엇이더냐
봄꽃에 여름 꽃 가을꽃까지
네 앉은 그 많은 꽃 기억이나 하는지

고르고 고른 꽃 중 어느 꽃이 예쁘더냐
처음 찾은 꽃이 싫어 찾아다닌 너
꿀 향기에 예뻐도 그 꽃이 그 꽃인데

처음과 나중의 꽃 기억하고 있는지
가운데 꽃들은 바람의 것이고
처음과 마지막 꽃이 제일 예쁘지 않더냐

고향 집

앞산 자락 진달래
산 넘는 흰 구름
아랫녘 보리밭은
누구네 것이었나

옛 바람 불어와
가슴에 스민다
초가 울 밑 노란 띠
복숭아 살구꽃

그 꽃 지고 나면
찔레꽃 피겠지
언저리 억새풀
가을을 기다리고

고독의 봄

눈 없은 구름 뒤 안보고 흐르고

넘는 산꼭대기에 내 모습 그려 있다

나의 모습이 저 모습이고 저렇게 저랬었나

한숨에 꺼낸 마음 세월 앞에 놓여지고

뜨거운 눈시울 민들레 꽃 바라본다

그림의 양지

나를 발견하고 그린 그림인데

나는 나에게 거짓을 했다

믿었던 그림에 속았던 얼룩들

긴 줄만 알았던 길도 이렇게 짧았나

나머지 그림에 무엇을 숨겼고

더 남은 길이라면 어느 그림이 있을까

꽃의 세월

덧없어라 가는 세월
속절없이 가는구나
넘는 산 흰 구름
어디로 흘러가나

젊어서 꽃구경
가슴에 여미니
멈춰선 젊은이와
무엇이 다른가

곁눈으로 흘려보고
못 본 척 지나는 길
이 모양새 늙은 몸
처량하구나

봄 저녁

넘는 해에 봄 저녁
바람 불어오니
몸보다 마음이 더 추워진다

꽃잎 접는 민들레
떨고 있는 돋아난 싹
양지에 음지 모두
어둠이 가려야 하나

나뭇가지에 집 찾는 새
어디로 가버리고
냇물 소리 그대로 해 떨어진다

남북 전쟁

누가 죽고
누가 살까
우리끼리
죽고 죽일
이웃 나라
구경거리
나도 죽고
너도 죽고
우리끼리
다 죽는다

올라가든
내려오든
구경거리
피와 눈물
살아 섞일
동족의 피
죽어선들
섞여질까
다 죽는다
다 죽는다

해당화의 봄

파도가 휩쓰는 그 옛날인가
해당화 피기까지는 아직 먼 시간
그리움 저 멀리 파도 따라 다가온다
불어오는 봄바람에 그날의 파도 소리
이 바다의 봄은 해당화 꽃을 기다렸나
백사장 바위 언덕 해당화 외롭고
들어오는 갈매기 그날 찾아 날아온다

보릿고개

집으로 간 동무들 저녁 먹겠지

냉이 나물 달래장 된장찌개 올려놓고

하얀 쌀밥은 안 맛있겠나

묵은 찹쌀고추장에 들기름까지

보리 눕혀 누운 자리 저녁노을 진다

끓기는 저녁연기 집으로 가라 하고

붉다만 흰 구름 먹구름이 되려나

짠지 하나 꽁보리밥에 그 눈물 머금는다

눈물의 봄

잊어야 했던 봄이
다시 찾아오는 것인가
영상에 스치는 그날의 봄
무너진 뜨락에 돋나물 퍼지고
돋아난 새싹 손마디 넘는다
꽃봉오리 터지기에는 아직 이른 봄
보리밭 둑 달래 냉이
두서너 마디 자랐을까
냉정 했던 그날의 봄 앞에
조용히 머리 숙여진다
뼈 녹인 하늘 아래 피 말리던 저녁 바람
산자락 진달래는 어찌 붉었던지
아이들 모여 진달래 꽃 꺾어 쥐면
겉으로 즐거우며 함께 어울렸어도
속으로는 허기에 입으로 들어갔다
그 새콤 떫드러운 맛 어찌 잊을까
영상에 스치는 그날의 봄
코흘리개 저녁은 그렇게 저물어 갔다

타향의 까치

높은 나뭇가지 위
둥그런 까치집
고향집 앞 미루나무 위도
저렇게 저랬었지

아침은 그런대로
그저 그렇고
해 질 녘 저녁이면
그렇게 짖어대는지

짝 찾아 집에 가자
그렇게 짖어댔나
뉘엿뉘엿해질 때면
더 짖어댔었지

고향 아가씨

소꿉놀이 이웃 동무
아가씨가 되었네
두서너 아래 여동생은
처녀가 되었고

만나면 고상한 척
삐지고 차갑고
말 붙이기 힘들어
그냥 지나친다네

그렇게 자랐음을
누가 더 잘 알까
함께 자랐어도
공주가 되었다네

세월

다시 갈 수 있다면
돌아가고 싶어라
여기에 오기를
그 세월이었나

씻어도 때 묻는
밤과 낮의 세월
어두워도 찾아들고
추워도 찾아온다

다 내려놓으면
눈 안의 것 지워질까
다시 가고 싶어라
담은 소리 버리고

시골의 봄

닭 울음의 새벽녘
휘영청 달 밝구나

동녘에 먼동 트고
새벽 달 서산 넘고

훤히 밝는 새벽의 봄
쾌청한 아침 온다

봄 고개

이 생각 저 생각
고갯마루에 오르면
바라보는 곳마다
한눈에 보이고
오르며 본 찔레꽃에
생각이 더 깊어진다

보이는 파란 보리밭
안뜰 모퉁이의 굽어진 외길
이 고향 떠나면
다시 찾을 수 있을까
오르며 본 찔레꽃 가냘피 춥다

그해의 봄

냇가에 아이들
버들피리 꺾어 불면
뛰어가 같이 꺾어
함께 불고 싶었고

오른 산에 진달래
한 아름씩 꺾어 들면
따라가 함께 놀며
같이 꺾고 싶었다

어울리지 못하고
외톨이로 떠난 고향
지금 찾아가면
함께 놀 수 있을까

생선의 봄

보리밭에 부는 바람
시원했었는데
해 떨어져 저녁 되니
으스라니 쓸쓸하다

불 때는 아궁이 앞
나 찾는 이 누구인가
된장 내음 연기 따라
이웃 담 넘어가고

생선 굽는 고기 냄새
다시 넘어온다
작대기에 꿰어온
이웃 할아버지의 생선일까

늙은 청춘

저 문밖 버드나무는
오늘도 푸르른데
이 늙은 몸 하루는
어제 오늘 다르구나

석삼년 전 오늘
피는 꽃에 눈 돌리고
저 버드나무 춤 따라
덩실 춤추고 싶었지

시기에 눈 돌렸나
감은 눈의 질투였나
다시 보는 꽃마다
석삼년 전 같구나

제3부

새로운 발견

그렇게 많은 들풀을
평생 보고 자랐어도
관심 밖이었나
이런 풀 처음 보았네

삼월 초순 바늘귀의
하얀 꽃을 피우더니
중순에는 좁쌀 반의
작은 씨앗을 영글었다네

서리에 얼음 얼고
바람 불어 그 추운데
피운 꽃에 씨앗 맺고
떨어야 했는지

봄 저녁

식어가는 양지
햇살 흩어지고
불어오는 저녁 바람
구름 몰고온다

양지에 음지
해 떨어진 봄 저녁
봄 저녁은 언제나
쓸쓸한 것인지

보리밭 울 밑
바람 불어 춥고
문간의 강아지
뭐 주나 바라본다

봄 길

새소리에 돌아보면

아무도 없고

다시 들려 올려보면

숨어서 운다

한 그루의 이 나무에

숨을 곳이 있었나

지나는 담장 길

민들레 피어난다

봄 구경

개울 따라 내려가면
물이 뒤쫓아오고
다시 거스르면
구름이 먼저 간다

피어나고 돋아나고
이 꽃 이름이 다 무엇일까
제비꽃 민들레
개나리 진달래

둑 양지 가까이
크고 작은 노란 꽃들
징검다리 언저리에
미나리 돋아난다

고향 학교

일어나기 싫어
꾸물거리고

학교 가기 싫어
배 아프다 꾀병 낸다

십 리의 등교길 진달래꽃 추운 길
돌아올 때 바람 불면 으시시 소름 돋는다

씀바귀

우리 할머니는

배 아프다 하시며

고들빼기 씀바귀만

자꾸 캐오라 야단하신다

고향 울 밑

무너진 담 아래
기왓장 뒹굴고
수수깡 봄 울타리
엮인 채 삭는다

널브러져 쓰러지고
허물어져 내려앉고
제비꽃 민들레 언제 보일까
돼지감자 싹에 가려 보이지 않는다

달래의 저녁

할머니가 정성 들인
싸리나무 소쿠리
이 작은 소쿠리를
언제 다 채우나

문밖 나서니
갈 곳이 없고
가던 언덕에 오르니
누가 벌써 다녀갔다

까치집 덩그러니
달래 찾는 언덕배기
자락에 달래 없고
진달래만 가냘프다

바구니의 봄

바구니 든 들녘
봄 향기 가득하고
꽃잎에 부는 바람
보리밭 스쳐 간다

새소리 냇물 소리
누가 나를 부르나
꽃잎의 그리움
바구니에 담기니

올려본 먼 하늘
흰 구름 산 넘는다

무덤 캐는 날

거미줄 정 하나에
매달린 지난 날

시작과 끝 사이에
무엇을 남겼나

옮겨 묻고 추려 태우니
마주 본 그날이 거짓이더라

꽃길

멀리 가까이
안 예쁜 꽃이 어디에 있겠나
못 보았던 그 흔한 꽃이
이제야 피는구나

그때에 이 꽃들을
왜 못 보았는지
허덕이는 삶에 가려
못 보았던 것일까

오늘에 피어나
그날을 수놓는 꽃
계절에 피었던
기억의 꽃일까

가슴에 새겨진
삶에 피었던 꽃
그 옛날 먼 훗날
그 꽃들이 수놓는다

옛 친구

저무는 인생들
있고 없고가 무슨 소용이 있었나

옛 친구 앞에서
잘났고 못났음이 그렇게 필요로 했었고

어려서나 늙어서나
그 마음에 젖은 인생

경로당 뜨락에 낙엽 구르던 날
그 친구의 모습에서 무엇을 느꼈나

봄 생각

진달래 언덕
찔레꽃 꿈 아직 멀고
봄바람 살랑살랑
양지의 마음 설레인다

우물 둥치 앵두꽃
울타리 밖 복숭아꽃
살구꽃 지고 나면
라일락 꽃 피려나

산자락 보리밭
바람에 나부끼면
아직 먼 찔레의 꿈
먼 하늘에 잠들겠지

추억의 꿈

우리 아름다웠던 날
잊지 않았겠지요
찾았던 둘만의 바다
그 갈매기 파도 소리
아직 들리지 않는지요

걷던 길에 예쁜 꽃
새들의 속삭임
둘만의 먼 훗날
모두 잊지 않았겠지요
당신의 모습 지울 수 없어요

봄 하늘

산자락 진달래꽃
양지 녘 민들레
하루가 다르게
나뭇가지 움 펼치고
기슭 어느 한쪽은
어느덧 푸르르다

시간의 흐름인 듯
세월의 느낌인가
돋은 새싹 풀밭 되어
크고 작은 꽃 피우고
산 넘는 흰 구름
이 마음 거둬간다

벚꽃의 고향

흰 점박이 앞산의 벚꽃
그 벚꽃보다
나무 있는 곳이 더 소중했다
저 먼 산 앞산 마루
뒷산 응달 눈 쌓이던 곳

산자락 보리밭
누렇게 익을 무렵이면
늘 찾아갔던 나의 벚나무였다
가지 휘어 하나 따 입에 넣었던 벚
혀끝의 그 달콤한 맛 어찌 잊을까

그때 하얗던 흰 점박이 벚꽃
예쁜 줄 모르고 왜 있는 곳만 중요했나
이제야 고향 산천 눈 안에 들어오니
흰 점박이 앞 뒷산 그 벚꽃이 수놓고
찾았던 벚나무 그날을 말해준다

바위 언덕

곱게 핀 진달래

너무 슬퍼라

가냘피 바람 불면

여며지다 펴지고

멎으면 그대로

기다림에 외롭다

다녀간 이 누가 있나

너무 슬퍼라

제비꽃 고향

뒷동산 잔디밭
보라색 제비꽃

누워 하늘 보면
그리움 구름 되고

하나 따 엮으면
그 꽃반지 된다

성황당 길

그 운명 들고 찾아와
되돌아 떠나는 길
올 때 보던 꽃들이
오늘 다시 새롭구나

팔자에 없어 끈 못 이으면
떠나야 하는 것이 여자인가
매운 구박 지난 백 일
다 참고 참았는데

남은 백 일 죄 몫을
어떻게 씻어야 하나
이 성황당에 빌어보고
부처님도 찾았건만

먼저 보냈다는 서방의 죄
씻을 길 없구나
이제 돌아서면 어디로 가야 하나
저무는 저녁 바람 멎지 않는구나

계곡

오르는 이 산의 흰 구름
어디로 흘러가는지
때 찾는 움이며
제철에 피는 이 꽃들
추운 겨울 눈 속에서
그렇게 보냈을 것이고

소나무의 칼바람에
모두가 춥지 않았겠나
들리는 새소리
피는 꽃에 즐겁구나
오뉴월 칠팔월
그 바람에 시원하고
생명의 소리 흐르는 물
어제도 오늘도 영원하여라

제4부

민들레 동무

소꿉놀이 내 동무
어디로 놀러 갈까

그곳 찾아 뒷동산
아니면 앞 냇가

모래 밥 냉이국
쑥 나물 꽃 반찬

네 부르는 나는 아부지였고
내 부르는 너는 아가의 엄마였다

용문산

세 곱의 오백 년이

비켜간 세월

흘러간 구름이

다시 오겠는가

오십사만 칠천여 날

흐르는 물소리

은행나무 그대로

그날을 돌아본다

꽃

꽃은 다 예쁜데

누가 싫어하고

좋아해야 했나

멀리 가까이

크고 작은 예쁜 꽃들

마음이 그러한가

꽃이 미워졌나

지고야 마는 예쁜 꽃들

복숭아

우리 집 울 밑
연분홍 복숭아꽃
나지막이 안 보여도
홀로 볼 수 있었다

아련한 꽃으로
추억에 피는 꽃
떫은맛의 개복숭아
그리움에 피어난다

사랑의 고향

징검다리 건너며
울고 웃던 날
미워도 했고
좋아도 했었다

보리밭 위 초승달
언제 떨어질까
냇둑 길 밤하늘
사랑의 별 쏟아지고

엿듣는 이 없는
둘만이 속삭인 밤
찔레꽃의 먼 훗날
바람 따라 가버렸다

반달

먼동 트는 새벽은

하루를 밝히는데

지는 해의 저녁은

어둠으로 가린다

낮이라 하는 밝은 곳

밤이라는 어두운 곳

어둡고 밝아야

하루가 가는가

제비꽃 기다림

누가 나의 꽃을 엮어줄까요
하나 둘 엮으면 꽃반지 되고
더 길게 엮으면 목걸이가 되잖아요
이슬에 저녁 바람으로

자리를 지켜도 찾는 이 없어요
잔디 위의 나 예쁜 꽃
작년에 다녀간 이
다시 찾아올까요

나의 꽃 보라색 꽃
기다림의 제비꽃
더 예쁘게 피어도
찾는 이 없어요

비둘기의 고향

바라보는 들녘
먼 하늘의 흰 구름
뜯어 쥔 풀잎에
무엇이 들어있나
입에 문 풀잎새에
내일을 기약하고
산마루에 앉아
돌 하나 던져본다

이 산마루 오르기를
몇 번을 올랐겠나
뒤돌아본 산등성이
벚꽃으로 가득하고
기슭의 것은 그늘에 가려 있다
멀리 보이는 파란 보리밭
이제 고향을 떠나야 하나
산비둘기 구구구 더 슬피 울어댄다

아내의 봄

울었던 날 웃었고
웃었던 날 울었다
바구니에 담은 꿈
찔레꽃에 얹던 날
봄바람에 실은 사랑
이 손안의 몇 해였나

덧없는 세월에
흘러간 구름처럼
그해 봄날 찾은 사랑
등에 업혀 우는구나
속절없이 떠나간 봄
다시 오니 무엇하랴

꽃바람

봄바람 살랑살랑
꽃잎에 불지 마라
그 잠깐 피는 꽃
네 바람에 떨어진다

피었다 지는 꽃이
봉오리로 들어갈까
네 봄바람 살랑살랑
봉오리 벗기던 날

봉오리 안 순정의 꿈
몇 번 훔쳐보았는지
네 봄바람 살랑살랑
꽃잎에 불지 마라

고향의 꽃

철 따라 피는
고향의 꽃들
이 많은 꽃 이름을
어떻게 다 알까
한 꽃에 두 이름
처음 듣는 꽃 이름
어려부터 보았어도
이름을 모른다

그냥 지나친 예쁜 꽃들
울 밑 뜨락 냇가 언덕
뒷동산에 오르기까지
얼마나 많은가
외로울 때 보았고
기쁠 때 보던 꽃들
슬퍼도 꽃과 함께
같이 울고 웃었다

간사한 마음

저 산 꼭대기에 마음 얹어 바라보는 하늘
흰 구름 한 조각 조용히 산 넘는다
흔들리는 저 나무들 바람 불어 흔들릴 것인데
이곳에 풀 이파리는 안 불어도 흔들려야 했나

아니면 못 느끼고 풀 이파리만 알고 있나
초목은 바람에 흔들리는데
사람의 마음은 무엇에 흔들릴까
산꼭대기에 얹은 마음 다시 내려놓는다

보리 패는 언덕

지는 꽃에 다가오는 보릿고개의 서러움
아직 남은 봄날에 초여름은 언제인가
우물 둥치 앵두꽃 진달래 지고
대추 꽃 기다림에 하루가 서럽다

웅달 녘의 보리 통통하니 그대로
아카시아 꽃이 피면 이삭이 영글을까
양지 녘은 어느덧 수염 달 듯 볕 쬐는데
웅달의 초여름은 언제쯤일까

바람 불어 쓰러질 듯 파란 하늘의 보리밭
사월의 지는 꽃에 보리 마디 하루가 다르니
남은 사월 오는 오월 보리 이삭 올려주고
저녁 바람의 보리밭 어느덧 노을 진다

기억의 오월

사월이 부르는 푸르른 오월

어느 꽃이 지어 오월의 꽃이 될까

냇가의 버드나무 들녘의 보리밭

가는 사월 아쉬움에 오월이 다가온다

보리 패는 언덕 송홧가루 날리던 날

쑥 찧고 무릇 찧고 송깃 훑어 입에 넣고

가난의 그 운명 열 손가락 안 몇 해였나

외로움 서러움 소쩍새 눈에 눈물 난다

오월의 운명

나 자란 고향이 여기였다면
태어난 곳은 어디란 말인가
산마루에 앉아 이리 저리 둘러보니
굳힌 마음 나도 몰라 풀어지지 않고
기억의 그날들이 한순간 스쳐 간다

산으로 들로 철 따라 피었던 꽃
설한의 홑바지로 찾았던 양지
이 산마루에 앉아 보이는 곳 마다
나 안 밟은 흙이 어디에 있겠나
냇가에 저 아이는 누구를 바라보는지

저 곳도 나 어릴 적 다슬기 줍던 곳인데
산도 들도 푸르르니 새롭구나
이곳도 눈 쌓이면 추웠던 곳이였고
저 초가는 나 잠들던 부엉이의 것이었는데
이제 굳힌 마음에 찔레꽃만 어리는구나

오월의 허공

오랜 만남에 잃어버린 사랑
차라리 거짓이었다면 기다림이라도 있었을 것인데
그렇게 무 자르 듯 매정하게 잘라야 했는지

끊기지 않은 거미줄 정 잡아당겨 주지나 않을까
날마다 허공에 끌리고 끌리는 몸
구름 뒤에 숨어 잡아당겨 주는지

오월의 옛날 그곳에서 부르고
알면서도 당겨 보는 가늘어진 거미줄 정
사랑의 거짓에 미움만 쌓여간다

찔레꽃 기슭

메아리에 들릴까

기다려지는 마음

이 산자락 찔레꽃에

그 옛날을 묻는다

가버린 날 그 자취

바람에 떨어질까

가냘픈 찔레 꽃잎

양지를 잃는다

미안한 추억

오월은 어린이 달
미안한 마음에 옛날을 돌아본다
추억 어린 어린 시절 놀이가 그러했는지
나쁜 마음 나쁜 짓일까 그저 미안하기만 하다

뒷동산에 올라 새알을 꺼내면
바라보는 새 이리저리 날며 슬피 울었고
새끼를 꺼내면 더 찢어지게 울었다
데려다 키운다 하며 키우지도 못했고

회초리로 개구리 때리기
개구리 알 거둬 바위 위에 올려놓기
낚시에 파리 꾀어 개구리를 속일 때
찢어진 입이 얼마나 아팠을까

지나는 뱀 무섭다 돌 집어 때리기
고기 잡아 가둔 곳에 물 말라 고기 죽고
올챙이도 물 마르니 안 그렇겠나
병아리 잡아 웅덩이에 집어넣고

이 모두 소중한 생명이 마지막이 되는 날
시골떼기 즐거움이 여기에 있었나

아련한 추억에 미안한 마음
생명의 소중함을 다시 한 번 깨닫는다

고향 하늘

파란 고향 하늘
하루에 몇 번 볼까
한숨에 올려보면
무엇이든 다 들어 있고
그리움도 구름 따라
산을 넘는다

지나온 날 다가올 날
먼 훗날까지
피는 꽃에 얹어진
그리운 얼굴
하늘 높이 꽃구름에
그날까지 들어 있다

찔레꽃의 미련

세월에 지고
바람에 떨어질까
저 먼 산 흰 구름이
찔레꽃의 그리움이었다면
앞서 진 진달래는
누구의 것이었나요

피고 지고 또 피고
뜨락의 민들레는 알고 있겠지요
보내고 잊어야 할 그날의 옛 이름
민들레 주머니에 담아 허공에 뿌리는 날
약속의 먼 훗날 못 잊을 행복
그 사랑도 남김없이 흩어지겠지요

작은 기억

무엇을 버리고 잊어야 할까
잊어도 찾아오는 작은 기억들

찔레꽃에 숨은 기억
파도에 쓸린 기억
강바람에 실려 간
강물 따라 떠난 기억
억새 꽃 언덕에
억새 꽃에 숨은 기억

잊으려 해도 못 잊을 기억들
창가에 스며 어두운 밤 밝혀준다

이 도서의 국립중앙도서관 출판예정도서목록(CIP)은 서지정보유통지원시스템 홈페이지(http://seoji.nl.go.kr)와 국가자료공동목록시스템(http://www.nl.go.kr/kolisnet)에서 이용하실 수 있습니다. (CIP제어번호 : CIP2017005743)

돌아보는 그 시절

초판 1쇄 발행 2017년 3월 27일

지은이 이원문 **펴낸이** 임정일
책임 임병천 **편집** 김지해, 김수경 **디자인** 이동헌

펴낸곳 책나무출판사
출판신고 2004년 4월 22일(제318-00034)

주소 서울시 영등포구 신길3동 325-70 3F
전화 02-338-1228 **팩스** 0505-866-8254
홈페이지 www.booktree.info

ISBN 978-89-6339-526-5 03810